Inhalt

Beendigung von Arbeitsverhältnissen durch Aufhebungsvertrag

Kernthesen

Beitrag

Fallbeispiele

Weiterführende Literatur

Impressum

GENIOS WirtschaftsWissen Nr. 05/2003 vom 30.05.2003

Beendigung von Arbeitsverhältnissen durch Aufhebungsvertrag

M.Rinkenburger

Kernthesen

- Ein Unternehmen kann sich im Rahmen einer ordentlichen Kündigung, einer fristlosen Kündigung oder durch den Abschluss eines Aufhebungsvertrages von seinen Mitarbeitern trennen. (3)
- Arbeitgeber und Arbeitnehmer müssen bestimmte Formen, Fristen und Inhalte berücksichtigen, um in der Folge keine negativen Konsequenzen befürchten zu müssen. (1), (2), (3), (5)

- Aufhebungsverträge werden meistens in Verbindung mit Abfindungen abgeschlossen. (3),

Beitrag

Formen der Kündigung

Unternehmen haben verschieden Möglichkeiten sich von Mitarbeitern zu trennen. Im Folgenden sind die wichtigsten genannt:

- Ordentliche Kündigung: In diesem Fall muss der Arbeitgeber die gesetzlichen, tarifvertraglichen oder individuell vereinbarten Kündigungsfristen berücksichtigen. (5) Die Kündigung kann allerdings nur in sozial gerechtfertigten, d. h. personenbedingten oder betriebsbedingten Gründen liegen. (3) Wenn das Unternehmen betriebsbedingt kündigen will, muss es bei der Auswahl der betroffenen Mitarbeiter verschiedene soziale Kriterien berücksichtigen. (3)

- Betriebsbedingte Kündigung im Rahmen eines Sozialplanes: Bei dieser Art handelt es sich um betriebsbedingte Kündigungen von Unternehmen mit einem Betriebsrat, die in größerem Umfang Personal abbauen möchten. Wenn unter diesen Umständen

Kündigungen ausgesprochen werden, besteht ein Rechtsanspruch auf Abfindung. Ebenso gilt es soziale Kriterien bei der Auswahl der Betroffenen zu berücksichtigen. (3)

- Fristlose Kündigung: Eine entsprechende Kündigung liegt im Verhalten des Arbeitnehmers begründet (Diebstahl, Körperverletzung, etc.) und ermöglicht eine sofortige fristlose Kündigung.

- Kündigung durch Aufhebungsvertrag: Bei dieser Form trennt sich das Unternehmen einvernehmlich vom Mitarbeiter. Arbeitgeber und Mitarbeiter schließen einen Aufhebungsvertrag in dem alle zu klärenden Punkte enthalten sein sollten. Dabei entscheidet oftmals die Höhe einer Abfindung, ob und in welcher Zeit der Mitarbeiter dem Aufhebungsvertrag zustimmt. (3), (5), (6), (7)

Im Folgenden werden bestimmte Aspekte von Aufhebungsverträgen näher betrachtet.

Ziel eines Aufhebungsvertrages

In konjunkturell schlechten Zeiten müssen Unternehmen verschiedene Wege gehen, um ihre

Kosten zu reduzieren. Eine Möglichkeit dies umzusetzen, bietet die Reduzierung des Personalstammes. Aufgrund der strengen Regelungen und Vorschriften des Kündigungsschutzgesetzes, bestehen kurzfristig jedoch kaum Chancen sich von Mitarbeitern zu trennen. (5) Aus diesem Grund gehen Unternehmen vermehrt dazu über, den betroffenen Mitarbeitern im Rahmen von Restrukturierungsmaßnahmen Aufhebungsverträge in Verbindung mit einer Abfindung anzubieten. Der Abschluss eines Aufhebungsvertrages bietet dem Unternehmen die Möglichkeit, sich mit den betroffenen Mitarbeitern bezüglich der Trennungsmodalitäten zu einigen und eine schnelle Trennung herbeizuführen. Das Unternehmen hat dadurch die Möglichkeit, die geplante Personalkostenreduzierung schneller zu realisieren. (8)

Formen und Fristen

Der Arbeitgeber kann sich bei einer normalen Kündigung nur im Rahmen der eingeschränkten Kündigungsgründe bewegen. Des Weiteren hat er sich auch an die gesetzlichen oder individuell vereinbarten Kündigungsfristen zu halten. (11) Im Rahmen eines Aufhebungsvertrages können jedoch andere Termine vereinbart werden. Das Unternehmen arbeitet normalerweise unterschiedliche Modelle mit individuellen Inhalten und Abfindungsbeträgen aus, die dann den betroffenen Mitarbeitern angeboten werden. Stimmt der Arbeitnehmer einem solchen Aufhebungsvertrag mit den vereinbarten Inhalten zu, so verliert er seinen gesetzlichen Anspruch auf Kündigungsschutz. Der Verlust des Arbeitsplatzes kann dann nachträglich nicht mehr vor Gericht angefochten werden. (5)

Mitarbeiter, denen Aufhebungsverträge angeboten werden, sollten sich im Vorfeld über die aus einem Aufhebungsvertrag resultierenden Konsequenzen bei den entsprechenden Stellen informieren. Der Arbeitgeber hat diesbezüglich keine Aufklärungspflicht. (1) So kann es zum Beispiel Einfluss auf die Sozialleistungen, die Steuer, das Arbeitslosengeld oder die Arbeitslosenhilfe haben. (3), (10) Dabei spielen oftmals auch die Formulierungen in den Aufhebungsverträgen eine Rolle. So sollte in den Verträgen auch stehen, dass das Arbeitsverhältnis auf Veranlassung des Arbeitgebers aufgelöst wurde und nicht im gegenseitigen Einvernehmen, da dies Einfluss auf die Zahlung des Arbeitslosengeldes haben kann. (1), (3), (10)

Finanzielle Aspekte

Aufhebungsverträge werden in der Regel immer in Verbindung mit einer Abfindung abgeschlossen. Allerdings besteht im Falle eines freiwilligen Aufhebungsvertrages keine Pflicht zur Zahlung einer Abfindung. (3), Der Anreiz für den Arbeitnehmer, einen Aufhebungsvertrag zu unterschreiben besteht allerdings im Erhalt einer entsprechenden monetären Gegenleistung. Im Schnitt zahlen die Unternehmen 1 bis 1,5 Monatsgehälter pro Jahr der Betriebszugehörigkeit. (11) Hinzu kommen zum Teil noch entsprechende Zusatzprämien, wenn sich der Mitarbeiter z. B. innerhalb einer bestimmten Zeit entscheidet, eine verkürzte Kündigungsfrist oder sonstiges akzeptiert und dadurch die Beendigung beschleunigt. Eine weitere Option könnte auch darin bestehen, sich die Kosten für eine Outplacementberatung finanzieren zu lassen. (9)

Rechte

Auch wenn der Mitarbeiter sich im Rahmen eines Aufhebungsvertrages vom Unternehmen trennt hat er noch bestimmte Rechte. So hat er z. B. Anspruch auf ein qualifiziertes Zeugnis, Abgeltung des

Urlaubsanspruches oder auf Urlaubs- bzw. Weihnachtsgeld. Im Falle des Erhalts von Prämien oder Bonifikationen als Belohnung für entsprechende Leistungen besteht allerdings die Gefahr, dass er diese bei Nichteinhaltung bestimmter Fristen nicht erhält bzw. wieder zurückzahlen muss. (11)

Fallbeispiele

Wenn sich eine Mitarbeiterin mit ihrem Arbeitgeber auf einen Aufhebungsvertrag einigt und diesen annimmt, dann gelten für sie die Kündigungssperrfristen für Schwangere nicht mehr. Stellt sich kurz darauf heraus, dass jene Mitarbeiterin schwanger ist, dann hat sie durch den akzeptierten Aufhebungsvertrag ihre Rechte verwirkt und keinen Anspruch mehr darauf. (2)

Siemens ICN kämpft schon seit einiger Zeit mit rückläufigen Zahlen aufgrund des Auftragsrückgangs im Telekommunikationsumfeld. Aus diesem Grund muss die Belegschaft um einen zweistelligen Prozentsatz reduziert werden. Dies geschieht entweder durch den Abschluss von Aufhebungsverträgen oder durch den Wechsel von betroffenen Mitarbeitern in eine neu gegründete Beschäftigungsgesellschaft. (4), (8)

Der Abteilungsleiter eines Düsseldorfer Chemiekonzerns wurde von heute auf morgen mit der Frage konfrontiert, ob er sich auch eine Beschäftigung außerhalb des Unternehmens vorstellen könnte. Die Trennung erfolgte dabei durch den Abschluss eines Aufhebungsvertrages mit einer entsprechenden Abfindung und der Finanzierung einer Outplacementberatung. (9)

In der Finanzdienstleistungsbranche haben in den letzten Monaten Zehntausende ihren Job verloren. Größtenteils wurden dabei Aufhebungsverträge mit entsprechend hohen Abfindungen bezahlt, um möglichst schnell die Restrukturierungsziele zu erreichen. Viele der Betroffenen lebten in den ersten Monaten danach noch sehr gut von ihrer Abfindung, genossen ihre freie Zeit und waren zuversichtlich hinsichtlich ihrer zukünftigen Berufschancen. Aufgrund deren Spezialisierung und der branchenweiten Krise mussten sie nach einiger Zeit und vielen Bewerbungen jedoch feststellen, dass es trotz ihrer sehr guten Qualifikationen derzeit kaum möglich ist, wieder einen adäquaten Job im entsprechenden Umfeld zu bekommen. Stattdessen sind sie jetzt gefordert, sich Alternativen überlegen zu müssen. (6) Betroffene, die sich von vorneherein mit ihrer neuen Situation auseinander gesetzt und Alternativen berücksichtigt haben, konnten zum Teil schneller wieder eine neue Beschäftigung finden. Zielführend ist es dabei, mit den erhaltenen Abfindungen entsprechend ökonomisch umzugehen, um längere Durststrecken überwinden zu können.

Weiterführende Literatur

(1) Der Aufhebungsvertrag, Gütliche Trennung, Stuttgarter Zeitung, 18.01.2003, S.
aus Impulse vom 01.12.2002, Seite 40

(2) Frank Emmel, Aus dem Arbeitsrecht, Worauf darf ein Arbeitnehmer verzichten?, Neue Zürcher Zeitung, Mensch und Arbeit Nr. 53, 05.03.2003, S. 67
aus Impulse vom 01.12.2002, Seite 40

(3) Arbeitsrecht, Fallen vermeiden, Focus Money, Ressort Money Steuern und Recht, Ausgabe 16, 10.04.2003, S. 80 87
aus Impulse vom 01.12.2002, Seite 40

(4) ICN-Betriebsrat erwartet Klagen
aus Frankfurter Allgemeine Zeitung, 08.01.2003, Nr. 6, S. 18

(5) Bei Jobverlust gelten strenge Regeln
aus Darmstädter Echo, 17.01.2003

(6) Ein anderes Bankgeheimnis, Kündigungswelle in

den Kreditinstituten: Je spezialisierter die Geld-Experten, desto schlechter ihre Chancen, Süddeutsche Zeitung, Ressort: Bildung und Beruf, Ausgabe Deutschland, 11.01.2003, S. V1/13
aus Darmstädter Echo, 17.01.2003

(7) Aufhebungsvertrag und Verbraucherschutz
aus Betrieb und Wirtschaft, Heft 6/2003, S. 255-259

(8) Erfahrungen mit der Beschäftigungsgesellschaft bei Siemens ICN, Wackelige Brücke zum neuen Job, Computerwoche, Ressort: Karriere, 11.04.2003, Nr. 15, S. 44 45
aus Betrieb und Wirtschaft, Heft 6/2003, S. 255-259

(9) Schlesiger, Christian, Gefeuert und gefördert, Outplacement. Oft als letzten Dienst übernimmt der Arbeitgeber die Kosten für spezielle Berater, um entlassenen Fach- und Führungskräften Hilfe zur Selbsthilfe zu geben. Solches Coaching steigert die Erfolgsfquote bei der Jobsuche enorm, Capital, Karriere, 03.04.2003, S. 100
aus Betrieb und Wirtschaft, Heft 6/2003, S. 255-259

(10) Nowak, Inge, Die Fusion der Computerriesen geht nur schleppend voran, Compaq-Betriebsrat wehrt sich gegen Pläne, die Zentrale in München auszudünnen Proteste angekündigt, Stuttgarter Zeitung, 21.03.2003, S. 16
aus Betrieb und Wirtschaft, Heft 6/2003, S. 255-259

(11) Jäger, Annette, Jobwechsel ist mit Rechten und

Pflichten verbunden, Frankfurter Neue Presse, Gemeinsame Ausgabe vom 17.04.2003, S. 10
aus Betrieb und Wirtschaft, Heft 6/2003, S. 255-259

Impressum

Beendigung von Arbeitsverhältnissen durch Aufhebungsvertrag

Bibliografische Information der deutschen Nationalbibliothek

Die Deutsche Nationalbibliothek verzeichnet diese Publikation in der deutschen Nationalbibliografie; detaillierte bibliografische Daten sind im Internet über http://dnb.d-nb.de abrufbar.

ISBN: 978-3-7379-1011-8

© 2015 GBI-Genios Deutsche Wirtschaftsdatenbank GmbH, Freischützstraße 96, 81927 München, www.genios.de

Alle Rechte vorbehalten. Dieses Werk ist einschließlich aller seiner Teile – z.B. Texte, Tabellen und Grafiken - urheberrechtlich geschützt. Jede Verwertung außerhalb der Grenzen des Urheberrechtsgesetzes bedarf der vorherigen Zustimmung des Verlags. Dies gilt insbesondere auch für auszugsweise Nachdrucke, fotomechanische

Vervielfältigungen (Fotokopie/Mikroskopie), Übersetzungen, Auswertungen durch Datenbanken oder ähnliche Einrichtungen und die Einspeicherung und Verarbeitung in elektronischen Systemen.